Linda Waldron

AF197267

Das Buch vom wahren Zaubern

ch. falk-verlag

Übersetzt aus dem Amerikanischen
von Christiane Sautter

10. Auflage 2025

Titel der amerikanischen Originalausgabe:
The Children´s Book of Real Magic
© by Linda Waldron

© der deutschen Ausgabe
by ch.falk-verlag, Ischl 11, 83370 Seeon

Satz: Indragni, Ascheberg-Herbern
Druck: Stückle Druck & Verlag, Ettenheim

ISBN 978-3-924161-14-9
Printed in Germany

Was in dem Buch steht

Für Salina und David,
Kinder, die keinen Besuch von den Feen hatten,
als sie noch klein waren.
Wir schicken euch Regenbogen
voll mit **Wunderbarer Liebe.**

In Liebe
die Schmetterlingsfee

Liebe Kinder,

Wunderbare Liebe euch allen. Die Welt der Feen hat mich ausgesandt, euch das Buch vom wahren Zaubern mitzubringen.

Die Feen haben beschlossen, daß es den Kindern auf der ganzen Erde wieder erlaubt werden soll, dieses Geheimnis zu kennen.

Wahres Zaubern ist etwas ganz anderes, als Hasen aus einem Hut herausspringen zu lassen. Wahres Zaubern bedeutet, daß wunderbare Dinge geschehen, wenn du es willst. Die anderen fühlen sich besser, wenn du wirklich zauberst. Wenn du schlechte Gedanken loswerden willst, kannst du sie mit wahrem Zaubern aus deinem Kopf verjagen. Wahres Zaubern bedeutet, daß sich die Dinge verändern, wenn du sie anders haben willst.

Doch das *wahre* Zaubern hat ein Geheimnis: Du mußt deine Zauberkraft bekommen! Danach ist alles ganz einfach.

Die Feen schicken dir ihre Liebe auf lauter Regenbogen und wünschen dir **Wunderbare Liebe** auf deinem Weg zur Zauberkraft.

In Liebe
die Schmetterlingsfee

Wie du deine Zauberkraft bekommst

1.

Ich schließe mich an die gute Kraft an, die an der höchsten Stelle auf meinem Kopf ist.

2.

Ich senke Wurzeln ganz tief in die Erde, wie ein alter Baum.

3.

Ich stelle mich in meinen Zauberballon.

4. Sage für ungefähr eine Minute **Wunderbare Liebe** und deinen Namen.

5. Höre auf den Zaubermann in deinem Kopf.

Wunderbare Liebe ist wirklich ein Zauberwort, und jedesmal, wenn du es sagst, bekommst du mehr Kraft.

Das Spannende dabei ist, daß nicht nur du deine Kraft bekommst. Es passiert noch viel mehr: Wenn du **Wunderbare Liebe** sagst, wirst nicht nur du dich besser fühlen, auch die anderen bekommen bessere Laune. DOCH . . . gleichzeitig hilft es auch noch, daß der Planet Erde sich besser fühlt.

Wenn du hilfst, daß sich der Planet Erde besser fühlt, geschieht ein Zauber, dann passiert etwas mit dir. Gute Zeiten kommen für dich!!! So hilft dir der Planet Erde.

Genau das ist *wahres* Zaubern!

Übrigens,
hin und wieder freut sich dein Zauberballon,
wenn du ihn sauber machst. Nimm eine
Zauberbürste. Schrubbe ihn und singe dabei:
"Mit der Zauberballonbürste schrubbe ich
meinen Ballon."

In Liebe
die Schmetterlingsfee

Wie du schlechte Gedanken aus deinem Kopf loswirst

Wenn du ganz oft **Wunderbare Liebe** und deinen Namen sagst, werden dir manchmal schlechte Gedanken einfallen. Du erinnerst dich vielleicht daran, daß du dich mit deiner Mutter gestritten hast und das gar nicht schön fandest, oder an eine Zeit, in der du sehr traurig warst. Höre dann auf, **Wunderbare Liebe** zu sagen, und schau dir diesen Gedanken an.

Wenn du ihn lange genug angeschaut hast, komme aus deinem Zauberballon heraus und stecke den Gedanken in einen Luftballon. Laß ihn einfach wegfliegen. Du brauchst diesen Gedanken wirklich nicht mehr, findest du nicht? Wenn er weggeflogen ist, gehe zurück in deinen Zauberballon und sage weiter **Wunderbare Liebe.**

Übrigens,

wenn du Wunderbare Liebe sagst, werden dir manchmal schöne Erinnerungen einfallen. Du möchtest natürlich nicht, daß auch sie wegfliegen. Ich würde dir raten, diese guten Erinnerungen in einem großen Computer in deinem Kopf zu speichern (oder ... in eine Schatztruhe in dein Herz zu legen). Du kannst sie dann einfach abrufen, wenn du sie wieder anschauen willst (oder ... du kannst sie dann einfach herausnehmen ...).

In Liebe
die Schmetterlingsfee

Der Zaubermann

Jeder von uns hat einen Zaubermann in seinem Kopf. Wenn du anfängst zu zaubern, wirst du ihn hören, und er wird dir helfen.

Wenn du genug **Wunderbare Liebe** gesagt hast, dann lausche eine Weile. Hat der Zaubermann vielleicht eine Botschaft für dich, die du hören solltest?

Je mehr du zauberst, um so öfter wird der Zaubermann zu dir sprechen.

Man kann ihn wirklich alles fragen, und wenn du „wirklich gut" zuhörst, wird er dir antworten.

Übrigens,
die Zaubermänner lieben ihr Lied. Dort, wo wir leben, muß jeder darüber lachen. Es wurde vor langer Zeit auf einem Piknik zu Ehren der Zaubermänner geschrieben.

In Liebe
die Schmetterlingsfee

Wie du es anstellst, daß sich die anderen besser fühlen

1.

Ich schließe mich an die gute Kraft an, die an der höchsten Stelle auf meinem Kopf ist.

2.

Ich senke Wurzeln ganz tief in die Erde, wie ein alter Baum.

3.

Ich stelle mich in meinen Zauberballon.

4. Sage für etwa 30 Sekunden **Wunderbare Liebe** und deinen Namen.

5. Sage dann für 30 Sekunden **Wunderbare Liebe** und den Namen des Menschen, dem es besser gehen soll.

6. Höre auf den Zaubermann in deinem Kopf.

Hast du einen Freund, der krank oder traurig ist? Dies ist der Zauber, damit er sich besser fühlt.

Dieser Zauber funktioniert einfach, und weißt du, warum er wirklich großartig ist? Dein Freund muß nicht einmal bei dir sein! Er kann zu Hause sein und fernsehen, und er weiß dann gar nicht, warum er sich plötzlich viel besser fühlt.

Übrigens,
wenn du jemanden vermißt, der sehr weit weg ist, kannst du genau diesen Zaubertrick aus der Tasche ziehen. Der Zauber kann reisen, und auch du wirst dich danach wirklich besser fühlen.

In Liebe
die Schmetterlingsfee

Wie du es anstellst, daß Dinge geschehen

Einer meiner Lieblingstricks ist, daß Dinge geschehen. Du kannst für dich oder für andere zaubern.

1.

Schließe dich an die gute Kraft an.

2.

Senke Wurzeln bis zum Mittelpunkt der Erde.

3. Stelle dich in deinen Zauberballon.

4. Sage für etwa 30 Sekunden **Wunderbare Liebe** und deinen Namen.

5.

Stelle dir in einem Bild
alles genau so vor, wie es
geschehen soll.

6. Erfülle das Bild mit all deiner Zauberkraft.

7. Gehe aus deinem Zauberballon und laß das Bild in
einem Luftballon wegfliegen.

8. Wiederhole alles zwei- oder dreimal am Tag.

Wie du Dinge veränderst

1.

Schließe dich an die gute Kraft an.

2.

Senke Wurzeln bis zum Mittelpunkt der Erde.

3.

Stelle dich in deinen Zauberballon.

4. Sage für etwa 30 Sekunden **Wunderbare Liebe** und deinen Namen.

5.

Stelle dir in einem Bild genau vor, was du nicht mehr möchtest und was du verändern willst.

6. Radiere das Bild mit einem großen Zauberradiergummi aus.

7. Stelle dir in einem neuen Bild alles so vor, wie du es haben möchtest.

8. Erfülle das Bild mit all deiner Zauberkraft.

9. Gehe aus deinem Zauberballon und lasse das Bild in einem Luftballon wegfliegen.

10. Denke den ganzen Tag über nicht mehr daran.

11. Du kannst es dreimal wiederholen.

Wenn ich mir um mein Zaubern Sorgen mache, hole ich den kleinen Sorgenfresser, und der frißt all diese Gedanken auf. Ich sage mir: „Wenn ich mir Sorgen mache, habe ich weniger Zauberkraft."

Wie du Regenbogen schickst

1.

Schließe dich an die gute Kraft an.

2.

Senke Wurzeln bis zum Mittelpunkt der Erde.

3.

Stelle dich in deinen Zauberballon.

4. Sage für etwa 30 Sekunden **Wunderbare Liebe** und deinen Namen.

5. Sage: „Von meinem Herzen schicke ich Regenbogen voller Liebe zu (sage den Namen der Person) Herz."

Es ist wunderbar, deinen Freunden oder anderen Menschen oder Tieren, die du liebhast, Regenbogen zu schicken.

Regenbogen sind so etwas wie Nahrung, Nahrung für das Herz, nicht für den Magen. Wenn du deinen Freunden Regenbogen schickst, werden sie sich wirklich gut fühlen. Dein Hund wird dir zulächeln. Sie werden sich gerade die Farbe herausnehmen, die sie brauchen, um sich richtig gut zu fühlen, und so wird es ihnen ganz einfach besser gehen. GANZ EINFACH!

Übrigens,
es ist sehr lustig, diesen Zauber auszuprobieren,
wenn dein Freund Probleme hat.
Schicke ihm einen Regenbogen, dann kannst
du zugucken, wie schnell er wieder lächelt.
DAS IST WAHRES ZAUBERN!
In Liebe
die Schmetterlingsfee

Wie du Farben schickst

1.

Schließe dich an die gute Kraft an.

2.

Senke Wurzeln bis zum Mittelpunkt der Erde.

3.

Stelle dich in deinen Zauberballon.

4. Sage für 30 Sekunden **Wunderbare Liebe** und deinen Namen.

5. Sage: „Ich schicke gelbe Farbe von meinem Herzen zu deinem Herzen", sooft du willst.

Es ist etwas ganz Besonderes, Farben zu schicken. Wenn dein Freund beim Lesen oder in der Schule Probleme hat, ist es gut, **gelb** zu schicken.

Schicke **rot,** wenn dein Freund immer dann Angst kriegt, wenn er eine Rede halten soll.

Schicke ihm **grün,** wenn er krank ist.

Schicke ihm **dunkelblau,** wenn er sich nicht entscheiden kann.

Schicke ihm **hellblau,** wenn er traurig ist.

Schicke ihm **violett,** wenn sein Hund gestorben ist oder seine Oma weit weg fahren muß.

Türkis ist die Zauberfarbe für Lachen.

Rosa ist die Farbe der Liebe. Schicke sie deiner Freundin oder deinem Freund.

Schicke **orange,** wenn du jemanden fröhlich machen und ihn zum Lächeln bringen willst.

Farben sind deine besonderen Boten. Sie gehen besonders gern auf Reisen.

Rot	—	Mut
Orange	—	Fröhlichkeit
Gelb	—	Gehirnfutter
Türkis	—	Humor
Grün	—	Gesundheit
Hellblau	—	Fröhlichkeit
Dunkelblau	—	Sicherheit
Violett	—	angeschlossen sein
Rosa	—	Liebe

Übrigens,
am liebsten schicke ich mehrere Farben.
Wenn dein Freund krank und unglücklich ist,
schicke ihm einen Regenbogen aus GRÜN
und BLAU. Und laß ein wenig
ROSA mitschimmern.

In Liebe
die Schmetterlingsfee

Liebe Kinder,

Lebt wohl. Von meinem Herzen schicke ich euch Regenbogen zu eurem Herzen.

Ihr könnt mit offenen oder mit geschlossenen Augen zaubern. Es ist jedesmal ein wenig anders.

WENN IHR FÜR ETWAS SCHLECHTES ZAUBERT, WIRD DER ZAUBER AUF EUCH ZURÜCKFALLEN UND IHR WERDET EURE ZAUBERKRAFT VERLIEREN!

Ihr könnt auch dem Schulbus oder dem Auto Regenbogen schicken. Wenn ihr im Garten arbeitet, schickt den Pflanzen Regenbogen, und wenn ihr im Zoo seid, den Tieren. Wenn dein Freund nicht in der Schule ist, weil er Grippe hat, schicke ihm **Wunderbare Liebe.** Sage **Wunderbare Liebe,** wenn du nach Vater oder Mutter Sehnsucht hast, wenn sie weit weg sind.

JE ÖFTER DU ZAUBERST, UM SO GRÖSSER WIRD DEINE ZAUBERKRAFT.

Wunderbare Liebe euch Kindern des Planeten Erde, von meinem Herzen schicke ich Regenbogen zu euren Herzen.

*In Liebe
die Schmetterlingsfee*